MINISTÈRE DU COMMERCE, DE L'INDUSTRIE
DES POSTES ET DES TÉLÉGRAPHES

EXPOSITION INTERNATIONALE DE CHICAGO EN 1893

RAPPORTS

PUBLIÉS

SOUS LA DIRECTION

DE

M. CAMILLE KRANTZ

COMMISSAIRE GÉNÉRAL DU GOUVERNEMENT FRANÇAIS

COMITÉ 38

Instruments de musique

PARIS

IMPRIMERIE NATIONALE

M DCCC XCIV

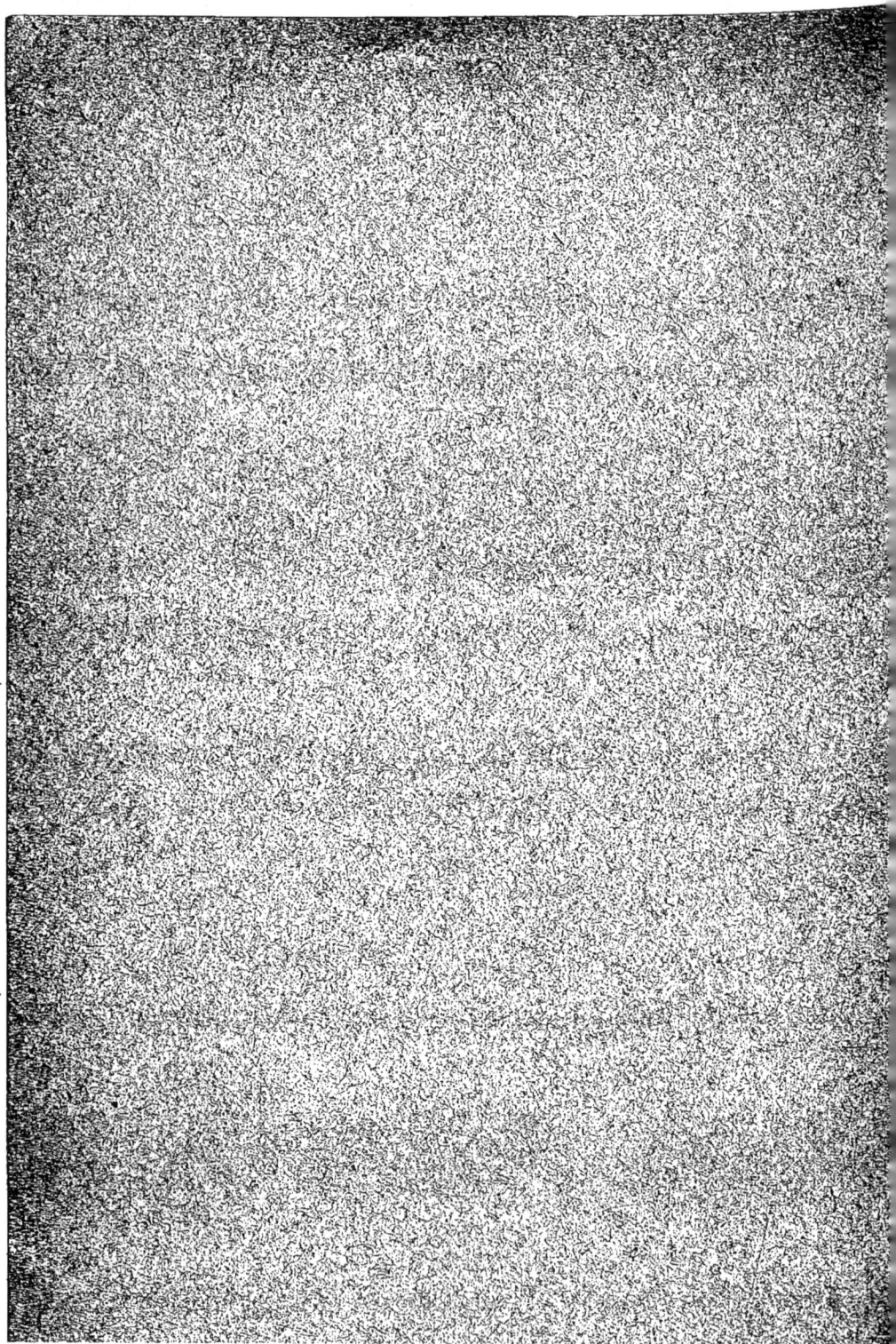

RAPPORTS

SUR

L'EXPOSITION INTERNATIONALE DE CHICAGO

EN 1893

MINISTÈRE DU COMMERCE, DE L'INDUSTRIE

DES POSTES ET DES TÉLÉGRAPHES

EXPOSITION INTERNATIONALE DE CHICAGO EN 1893

RAPPORTS

PUBLIÉS

SOUS LA DIRECTION

DE

M. CAMILLE KRANTZ

COMMISSAIRE GÉNÉRAL DU GOUVERNEMENT FRANÇAIS

COMITÉ 38

Instruments de musique

PARIS

IMPRIMERIE NATIONALE

M DCCC XCIV

COMITÉ 38

Instruments de musique

RAPPORT DE M. J. THIBOUVILLE-LAMY

FABRICANT D'INSTRUMENTS DE MUSIQUE

COMMISSAIRE RAPPORTEUR

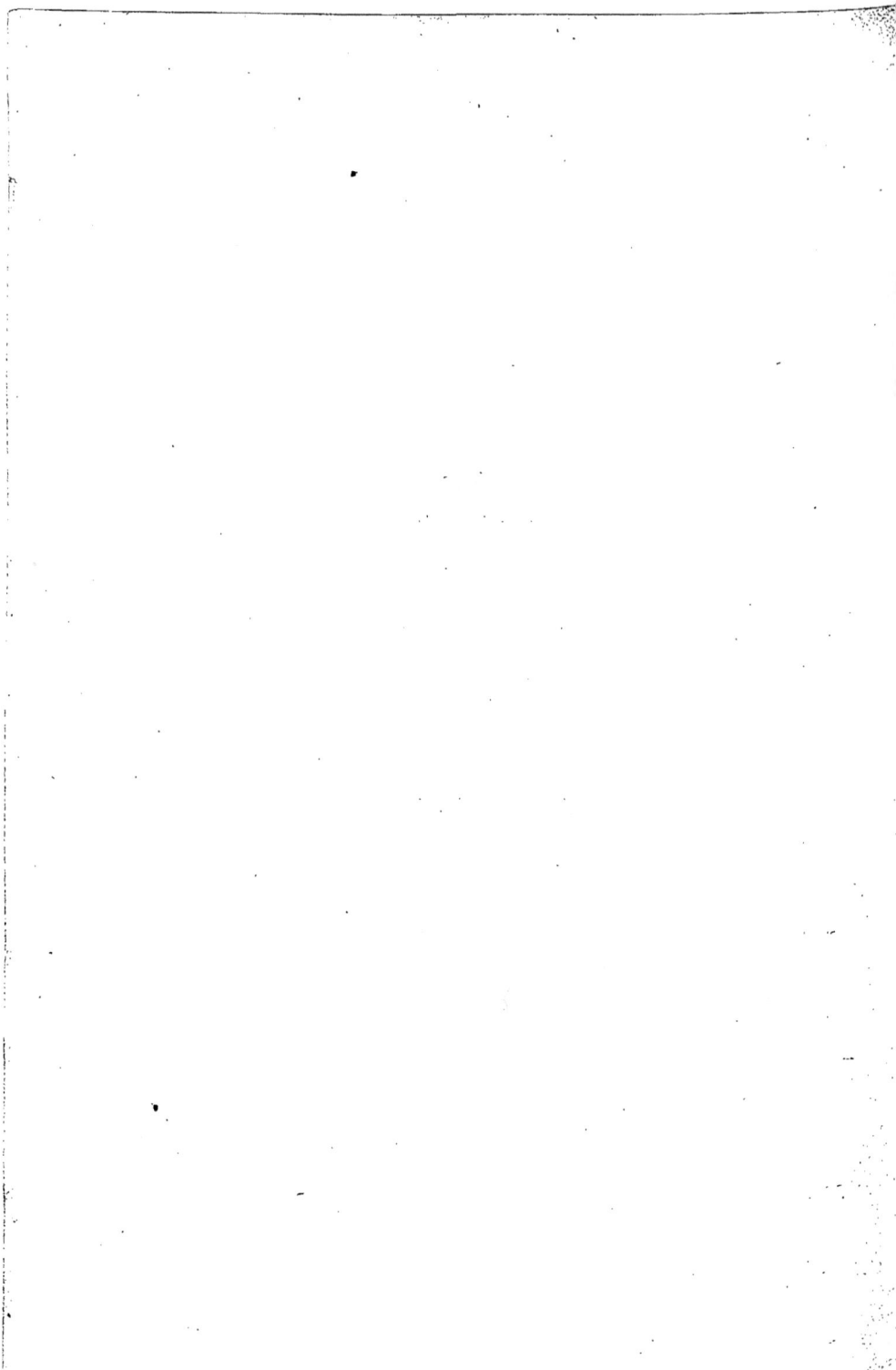

INSTRUMENTS DE MUSIQUE.

Nommé par décision ministérielle membre du jury à l'Exposition de Chicago, nous sommes parti en cette qualité le 17 juin pour l'Amérique.

A notre arrivée à New-York, nous fûmes informé que M. Krantz, notre commissaire général, avait déclaré hors concours les articles français.

Cette décision devait modifier le caractère de notre mission, et c'est à titre de commissaire rapporteur, délégué du Ministère du Commerce à l'Exposition de Chicago, que nous fûmes appelé à étudier les manifestations de la vaste entreprise que les Américains avaient pompeusement dénommée la *Foire du monde*.

Il ne nous appartenait plus d'examiner et de comparer, en vue de l'attribution des récompenses, les produits exposés; nous devions, pour répondre à nos nouvelles instructions, nous livrer à une étude générale de la classe des instruments de musique et consigner dans un rapport les renseignements pouvant intéresser cette industrie, tant au point de vue des procédés de fabrication qui se seraient révélés que des habitudes et usages commerciaux particuliers au Nouveau Monde.

Nous inspirant de ces considérations, nous nous proposons dans ce travail, après avoir donné en quelques mots la caractéristique des sections des diverses nationalités, de procéder à l'examen des groupes ou séries d'instruments.

La fabrication des instruments de musique était assez largement représentée à Chicago; le nombre des exposants de cette industrie se répartissait à peu près comme il suit :

États-Unis	90	Ceylan	5
Allemagne	50	Japon	5
France	42	Danemark	2
Autriche	30	Suède	2
Italie	25	Suisse	2
Canada	10	Empire ottoman	1
Russie	10	Espagne	1
Angleterre	6	République Argentine	1
Belgique	6		

IMPRIMERIE NATIONALE.

Les pianos et les orgues-harmoniums américains dominaient à Chicago, et l'importance de cette série d'instruments se trouvait encore accrue de l'appoint fourni par les harmoniums du Canada, que leur structure et leur fabrication rapprochent de la facture américaine.

De plus, les États-Unis comptaient des collections très complètes de guitares et de mandolines; l'industrie locale de Chicago était représentée par une collection de harpes qui attirait l'attention.

La section française se classait ensuite et se distinguait à la fois par l'importance et la variété de son exposition.

La section allemande ne comprenait que peu de pianos; elle se manifestait par une grande quantité d'orgues à manivelle et d'orgues automatiques; la catégorie des instruments à vent était d'importance médiocre.

Au contraire, l'exposition d'Autriche-Hongrie se faisait remarquer par des collections assez intéressantes de clarinettes, flûtes et hautbois.

L'Angleterre offrait plusieurs expositions d'instruments de cuivre, dont l'une provenant d'un fabricant français possédant une maison à Londres.

Le pavillon britannique abritait de plus une exposition de superbes harpes, mais il faut dire qu'elles provenaient de la maison Érard, de Paris, qui a, il est vrai, une succursale à Londres.

La Russie avait envoyé un groupe de beaux pianos.

Quelques petits instruments de cuivre, mais, par contre, une collection de belles mandolines, constituaient toute la section italienne.

La Belgique était représentée par deux facteurs de pianos et un fabricant d'instruments de cuivre.

ÉTUDE TECHNIQUE.

PIANOS AMÉRICAINS.

La quantité considérable de pianos américains que l'on trouvait réunie à Chicago ne provenait pas, comme on pourrait le supposer, par analogie avec ce que nous voyons dans les pays d'Europe, d'un nombre restreint de centres de production.

Dans le Nouveau Monde, la centralisation industrielle n'existe pas, et l'on pouvait voir à Chicago des pianos fabriqués dans toutes les parties de l'Amérique.

Les facteurs de pianos américains avaient cru devoir adopter le mode d'exposition distinct, c'est-à-dire que, dans un même hall, ils avaient constitué, au moyen de séparations assez peu agréables à l'œil, des salons particuliers renfermant leurs produits.

Cette disposition, qui permettait à chaque exposant de s'isoler, au détriment d'ailleurs de l'aspect général, était peut-être de nature à rendre plus appréciables les qualités de son que pouvaient posséder les instruments, mais elle rendait plus difficile l'examen comparatif des diverses marques.

D'autant plus que cette étude, n'étant plus motivée par le travail d'attribution des récompenses, devait préalablement être autorisée par l'exposant.

Bien que délégué du Ministre du Commerce français, il nous fallait, avant de pénétrer dans les salons, nous assurer de l'acquiescement du propriétaire, solliciter la permission de procéder à un examen détaillé qui, dans certains cas, entraînait le démontage des pianos et venait ainsi causer une perturbation dans l'ordre de la pièce.

On comprend qu'en présence de l'exposant la bienséance s'opposait à ce que dans un examen tout officieux, nous le répétons, on s'arrêtât autant qu'il eût été nécessaire sur les imperfections relevées.

Nous devons à la vérité d'ajouter que nous avons trouvé le meilleur accueil de la part des maisons qui se classent parmi les premières, et que nous avons pu recueillir ainsi des éléments d'appréciation et de comparaison nous permettant de nous former une opinion sur l'ensemble de la fabrication américaine.

Ce qui frappe tout d'abord dans l'étude des pianos et harmoniums amé-

ricains, c'est la recherche nettement accusée de la substitution de l'outil-
lage mécanique à la main-d'œuvre proprement dite, dont le prix est si
élevé en Amérique.

Nous retrouvons également dans l'étude d'ensemble de ce groupe l'application de la loi générale qui impose pour un même objet, suivant les
latitudes où il doit être mis en usage, des modifications très profondes
dans le choix des matières premières et dans les dispositions du travail.

En Amérique, où les chaleurs torrides de la saison d'été sont suivies
presque sans transition de froids intenses, les pianos, bien que placés dans
les habitations, sont appelés à supporter des variations de température qui
les influencent très directement; aussi la facture américaine s'est-elle pré-
occupée tout particulièrement d'assurer à ses produits des qualités parti-
culières de solidité et de résistance.

Le meuble est grand, l'apparence étant très prisée aux États-Unis.

Nous avons remarqué en effet que la caisse de certains pianos était hors
de proportions avec les parties essentielles de l'instrument.

Les bois du meuble sont très épais et recouverts d'un vernis gras adhé-
rent et durable.

L'intérieur contient une armature des plus résistantes, et la mécanique,
fixée sur des supports métalliques, indique qu'outre la grande chaleur,
l'instrument a souvent à lutter contre l'humidité.

Il nous a d'ailleurs été agréable de constater que parmi les pianos que
nous avons appréciés la plupart étaient pourvus de mécaniques de fabrication française, construites spécialement pour l'Amérique.

En un mot, l'instrument paraît bien approprié au milieu dans lequel
il est destiné à être placé.

Si, dans notre pays, les facteurs s'efforcent de trouver des modèles nou-
veaux et s'appliquent à imaginer un plan constituant l'originalité de leur
marque, il n'en est pas de même aux États-Unis, où, à de très rares ex-
ceptions près, on trouve dans les pianos une unité de formes et de dispositions qui paraît s'inspirer trop littéralement aux mêmes sources.

La facture américaine se confine à peu près dans les trois types suivants :
le grand piano à queue de concert, un piano à queue de dimensions plus
restreintes et les pianos droits qui sont tous à cadres en fer et pour la
plupart à cordes croisées.

Les cadres en métal sont composés d'une fonte très affinée qui offre,
paraît-il, une grande résistance.

Nous retrouvons dans le choix de l'armature la constante préoccupation des Américains d'assurer à l'instrument une grande solidité; cette tendance ne va pas sans une certaine exagération, et nous avons pu voir un grand nombre de pianos droits pourvus de plaques métalliques couvrant les sommiers de chevilles et dont le seul but était de donner à l'acheteur l'illusion de qualités exceptionnelles de résistance que posséderait l'instrument.

Nous ne méconnaissons d'ailleurs pas les résultats que la facture américaine obtient au point de vue de la solidité; en outre, ses pianos possèdent une grande puissance de sons, grâce à leurs dimensions et au cadre en fonte qui permet l'emploi de cordes de fort diamètre; mais l'on ne doit pas se dissimuler qu'à l'exception des produits de quelques facteurs, ces pianos n'ont pas la finesse du toucher, la production facile et l'égalité de son que l'on trouve si heureusement réunies dans la généralité des pianos français.

Nous appuierons cette opinion d'une remarque que nous avons faite relativement au réglage des pianos américains.

Par un certain jeu laissé dans le réglage des organes de la mécanique et du clavier, la facture américaine obtient que l'action soit toujours assurée, même par une température très humide, mais ce résultat ne peut être atteint qu'en sacrifiant la délicatesse du toucher qui, on le comprend, ne peut exister que par un ajustage précis, ne souffrant aucun ballottage dans le fonctionnement des divers organes.

Les bois employés à la fabrication du meuble nous ont semblé remarquablement préparés; la série d'opérations qu'ils subissent avant d'être mis en œuvre nous a paru très bien comprise pour parvenir à une dessiccation complète.

Le vernis qui, comme nous l'avons dit plus haut, est un vernis gras, est appliqué avec beaucoup d'habileté. Cette application est d'ailleurs facilitée par un polissage mécanique extrêmement soigné, et le vernis acquiert par suite un brillant qui se conserve malgré les variations de température et la chaleur humide qu'il a parfois à subir.

Nous pouvons dire sans exagérer que, grâce aux procédés employés, le vernis des pianos américains est un des plus beaux et des plus résistants qu'il nous ait été donné de rencontrer jusqu'ici.

HARMONIUMS AMÉRICAINS.

Les harmoniums de fabrication américaine présentent des particularités de structure et de fonctionnement qui en font un type spécial, et l'on désigne sous le nom générique d'*harmoniums américains* les instruments qui offrent ces dispositions.

Dans l'harmonium américain, les lames sont actionnées par aspiration, tandis que, dans les harmoniums français, la vibration des lames est obtenue par le refoulement de l'air.

Les instruments du genre américain se caractérisent par une douceur de sons très grande, mais les timbres en sont moins variés que dans l'harmonium français.

Le système d'aspiration d'air ne donne qu'une expression toute relative et qui n'est en réalité produite que par des effets de *forte* et de *piano*.

Dans l'harmonium français, le système de refoulement de l'air permet, d'une part, l'emploi de la percussion, et d'un autre côté, par le registre d'expression, supprimant le réservoir d'air, l'artiste se trouve maître de l'action de la soufflerie, et peut à son gré attaquer la note doucement, la conduire progressivement au *fortissimo*, produire des effets d'expression qui donnent à l'exécution musicale un charme qu'il est impossible d'obtenir dans les instruments américains.

Il est vrai que l'intensité et le charme de ces variations dépendent en partie de la valeur de l'artiste, alors que l'instrument américain permet à toute personne ayant la connaissance du clavier du piano d'obtenir quelques effets.

Mais ceux-ci sont nécessairement très limités, attendu que les nombreux registres dont sont pourvus les harmoniums américains n'exercent pour la plupart qu'une influence très relative sur les sons émis par l'instrument.

On peut admettre que les différences de moyens que nous venons de constater dans les instruments américains et français sont la résultante du caractère musical propre à chacun de ces pays.

En France, où le côté purement artistique domine, l'instrument doit, par la variété des effets, satisfaire la conception musicale de l'organiste et lui permettre de faire intervenir sa personnalité et son tempérament dans l'interprétation des ouvrages.

En Amérique, l'harmonium est destiné surtout à accompagner le chant des psaumes ou à exécuter des morceaux lents, plutôt que brillants; il peut donc s'accommoder d'une certaine monotonie dans les effets, et la variété y est sacrifiée à la douceur du son.

L'instrument répond donc bien à sa destination et l'on en vend, dans le Nouveau Monde, des quantités considérables.

BANJO.

La fabrication et la vente du banjo constituent une des branches les plus développées du commerce des instruments de musique dans le Nouveau Monde.

Le banjo, que tout le monde connaît aujourd'hui, rentre dans la catégorie des instruments à cordes pincées; il se compose essentiellement d'un manche de guitare solidement fixé sur la circonférence d'un tambour de basque, dont la peau, plus ou moins tendue ajoute un timbre original au son produit par la vibration des cordes.

En raison de sa simplicité et de sa nature particulière, le banjo ne peut être classé parmi les instruments de fabrication artistique, et la description que l'on pourrait faire des différents modèles ne porterait que sur l'ornementation destinée à satisfaire l'œil de l'amateur.

Les seules et réelles difficultés qu'éprouve le fabricant sont d'assurer à l'instrument une grande solidité et de déterminer mathématiquement sur la touche la division des tons.

L'instrument serait généralement juste si la vibration des cordes ne tendait à déplacer constamment le chevalet mobile sur lequel elles s'appuient; les positions variables occupées par celui-ci occasionnent en effet une modification dans la valeur et le rapport des notes émises.

Malgré ses imperfections, le banjo est l'objet d'une telle prédilection dans les pays anglo-saxons qu'on peut à bon droit le considérer comme l'instrument national.

Il est répandu dans toutes les classes de la société, et le débit en est si considérable, que tous les facteurs d'instruments de musique le fabriquent, quel que soit l'importance ou le genre spécial de leur commerce.

Il n'est pas rare de rencontrer en Amérique des orchestres exclusivement composés de banjos.

L'harmonie spéciale et surtout bruyante de cet instrument peut, dans certains cas, donner un ensemble prêtant à la gaieté, mais qui nous a paru

peu propre à charmer des oreilles délicates ou insuffisamment familiari-
sées avec l'esthétique musicale à laquelle il répond.

GUITARES, MANDOLINES ET AUTRES INSTRUMENTS.

Les fabriques de guitares et de mandolines sont généralement de créa-
tion récente.

Les fabricants de guitare s'inspirent de la forme espagnole, mais ils
ajoutent à leurs instruments des garnitures lourdes et disgracieuses.

La construction de ces instruments est généralement solide et les vernis, ainsi que nous l'avons constaté pour les pianos, sont appliqués avec
soin et habileté.

La mandoline modèle américain n'est pas jolie et ses formes sont peu
harmonieuses. Toutefois le type tend à s'améliorer en raison du concours
apporté en ces derniers temps à la fabrication américaine par des ouvriers
italiens.

Nous avons trouvé des guitares et des mandolines enjolivées d'incrustations de nacre et d'écaille qui auraient pu paraître remarquables sur un
meuble, mais qui ne nous ont pas semblé assez discrètes pour contribuer à
l'ornementation d'un instrument de musique.

Les quelques vitrines où étaient exposés des violons ne nous ont pas
paru devoir faire l'objet d'une mention particulière.

Deux expositions d'instruments de cuivre, bien qu'assez importantes,
n'offraient rien de remarquable.

Les instruments dont elles étaient composées ne paraissaient pas être
les spécimens d'une fabrication courante, et ils semblaient avoir été surtout établis en vue de l'Exposition.

En résumé, l'examen approfondi des produits de la facture américaine
donne lieu de constater qu'en dehors des pianos et des harmoniums, beaucoup d'articles dénotent une fabrication qui est encore à la période d'essais.

Une mention spéciale doit cependant être faite pour les harpes américaines.

Les perfectionnements qui ont été apportés dans ces derniers temps à
leur fabrication permettent d'assigner à ces instruments un rang honorable.

Ils sont bien fabriqués dans les détails, mais ils n'ont pas, soit au point de vue des dispositions générales, soit en ce qui concerne le son, les qualités des instruments français. Ils arriveraient toutefois à en approcher si le son des basses avait une ampleur plus considérable.

On ne peut douter, si l'on en juge par les progrès réalisés et par le degré de perfection relatif que nous signalons, que les fabricants américains ne parviennent dans un avenir assez rapproché à créer une concurrence sérieuse aux harpes d'importation européenne.

INDUSTRIE AMÉRICAINE, USAGES COMMERCIAUX.

En France, en Europe, la règle presque constante est de procéder avec circonspection lorsqu'on se propose de créer une industrie ou d'établir un nouveau centre de fabrication, et l'on subordonne généralement le développement que comportera l'entreprise à l'accroissement espéré des transactions, à la nécessité de satisfaire aux commandes qui pourront se produire.

Cette manière de procéder, qui offre l'avantage de réduire au minimum les aléas de l'entreprise, peut présenter toutefois des inconvénients, en ce sens que les perfectionnements réclamés par la fabrication ne sont que successivement réalisés et s'opposent parfois par leur juxtaposition à une production économique et intensive.

Les Américains ont une conception toute différente des affaires, leur esprit entreprenant et quelque peu téméraire ne les porte pas à attendre de l'extension lente mais assurée d'une entreprise les bénéfices qu'elle pourrait procurer.

Le plus souvent, aux États-Unis, lorsqu'on se propose de lancer une affaire, et lancer est ici le mot juste, on suppute mathématiquement l'importance des ordres que l'on pourra recueillir dans les régions à desservir, on considère comme acquis les débouchés ainsi escomptés et l'on monte une usine qui est tout d'abord pourvue de tous les perfectionnements permettant de fabriquer dans les meilleures conditions économiques.

Cette usine est outillée et aménagée dès le début de façon à répondre aux commandes, hypothétiquement déterminées comme il vient d'être dit.

Si les ordres se présentent, on retire le meilleur effet des installations adoptées, quel que soit leur prix d'établissement, puisqu'elles ont été préalablement calculées en vue d'une production qu'elles assurent effectivement, mais en cas de non-réussite, ou même si le courant commercial prévu ne s'établit pas aussi vite qu'on l'avait espéré, l'entreprise s'effondre, succombant sous le poids de l'amortissement des capitaux engagés et des frais généraux.

Nous nous trouvons ici en présence d'une des causes de la rapidité avec laquelle s'édifient ou s'écroulent les fortunes en Amérique.

Nous n'hésitons pas à nous prononcer entre les deux systèmes et nous continuons à accorder nos préférences aux traditions commerciales de l'Europe, tout en formant le vœu de voir plus répandues parmi nos compatriotes les qualités d'audace, d'initiative et par-dessus tout d'activité que l'on peut constater chez les Américains.

En effet, dès la première heure du matin, le négociant américain est à son *office*, et il ne laisse à personne le soin d'ouvrir son courrier.

Il se réserve toute la correspondance commerciale, mais comme celle-ci, dans une entreprise de quelque importance, entraîne une besogne considérable à laquelle il ne pourrait suffire, il a su avec une véritable ingéniosité se faire assister pour la partie matérielle de ce travail.

Au fur et à mesure qu'il prend connaissance des lettres et demandes de ses correspondants, il dicte les éléments de la réponse à faire à une personne installée dans son bureau (généralement une jeune miss), qui en prend note sténographiquement.

Lorsque le dépouillement des courriers est terminé, la jeune fille, se référant aux notes qu'elle a prises, compose à l'aide de la machine à écrire la réponse convenue, et les lettres ainsi préparées sont ensuite soumises à la signature du patron pour le courrier du soir.

Les jeunes personnes employées à ce travail paraissent très instruites, et leur concours nous a semblé très apprécié; elles acquièrent d'ailleurs au bout de quelque temps un style commercial prompt, élégant et pratique.

Tout paraît d'ailleurs bien combiné dans l'organisation des maisons américaines pour que les affaires soient traitées avec célérité; les employés y sont en nombre suffisant et les collections d'échantillons y sont groupées et disposées de telle façon que le client peut rapidement se livrer à un examen comparatif des articles qui lui sont présentés et remettre sa commande dans le moindre temps possible.

On comprend que ces facilités aident puissamment au développement et à la prospérité des affaires en Amérique.

EXPOSITIONS DIVERSES.

Les harmoniums du CANADA dont il a déjà été fait mention participent des principes de fabrication des instruments américains du même genre.

Le groupe des pianos exposés par la RUSSIE était intéressant et l'impression qui s'en dégageait était excellente.

Les pianos à queue avaient été envoyés en assez grand nombre pour former une brillante exposition; les grands pianos de concert possédaient une très belle qualité de son, et leur fabrication nous a paru très soignée. Mais les instruments de petite dimension n'avaient pas l'égalité que nous avons remarquée dans les pianos de grand modèle.

L'ALLEMAGNE, comme nous l'avons déjà indiqué, avait surtout exposé des instruments à mécanique, qui présentaient des particularités intéressantes par leur grande variété.

Nous devons noter spécialement les orgues automatiques de la Forêt-Noire, actionnées par des cartons perforés. Leur mécanisme était ingénieux et l'exécution musicale était fort belle.

Deux ou trois facteurs de pianos avaient envoyé des instruments de bonne qualité, se distinguant par une égalité de son que nous n'avions pas souvent rencontrée dans les produits allemands.

Les quelques expositions de lutherie et d'instruments à vent n'appelaient pas d'examen particulier.

Dans la SECTION AUSTRO-HONGROISE, le groupe de lutherie et des instruments à cordes ne présentait rien de remarquable, mais, par contre, les instruments à vent, en bois, méritaient une mention toute particulière.

Les instruments que nous avons examinés étaient faciles à jouer, doués de très réelles qualités de son.

La seule critique qu'il convienne de faire s'applique au manque d'élégance des clefs.

La BELGIQUE, qui était représentée par quelques groupes de pianos et deux expositions d'instruments de cuivre, occupait une place honorable.

La SUISSE avait envoyé à Chicago quelques spécimens des boîtes à musique dont elle s'est fait une spécialité; les instruments que nous avons pu

examiner étaient de médiocre valeur et ne représentaient l'industrie suisse ni par son importance, ni par la qualité de ses produits.

Une collection de très belles et très artistiques mandolines constituait la principale exposition de l'ITALIE. Ces mandolines méritent une mention spéciale : fabriquées par un habile facteur napolitain dans la famille duquel s'est conservé une sorte de secret professionnel pour la construction de ce joli instrument, elles réunissaient la forme artistique alliée aux détails de la facture la plus soignée, surtout dans le travail difficile de la pose, de l'ajustage et de l'évidage gradué des côtes. L'instrument était en outre gracieusement orné de garnitures de nacre et d'écaille; la division de la touche était mathématiquement déterminée. En résumé, ces mandolines bien fabriquées, bien en main et possédant une belle qualité de son, étaient des instruments de premier ordre.

EXPOSITION FRANÇAISE.

L'exposition française des instruments de musique venait par ordre d'importance après celle de la section américaine.

Cette exposition était des plus complètes : tous les instruments y étaient représentés. Mais son développement fut précisément la raison qui parut s'opposer à son installation dans le Palais des Manufactures, où il n'avait pas semblé qu'il puisse lui être réservé un emplacement permettant de l'aménager en un groupe unique.

Elle fut installée, nous devrions plutôt dire reléguée, au premier étage du Palais de l'Électricité.

Placée dans une sorte de soupente de ce vaste hall, au milieu de produits industriels d'un ordre différent, son cadre n'était pas de nature à faire ressortir avantageusement les collections exposées, qui comprenaient cependant des instruments de grand mérite, fabriqués avec un soin parfait et comportant même un côté artistique très intéressant.

Néanmoins, les exposants français ou leurs représentants surent, par des dispositions bien comprises, faire de la section française des instruments de musique un véritable centre d'attraction et il ne fallut rien de plus pour que le courant des visiteurs se dirigeât, comme il l'a fait, vers leur galerie.

Nous devons ajouter que les fabricants américains ont témoigné par leurs fréquentes visites l'intérêt qu'ils attachaient à l'étude des spécimens exposés.

On peut donc relater le réel succès obtenu à Chicago par la section des instruments de musique français.

Les appréciations flatteuses généralement formulées, tant par les visiteurs que par la presse américaine, en sont le meilleur témoignage.

Il s'est trouvé cependant quelques journalistes qui, agissant avec un ensemble bien fait pour arrêter l'attention, se sont accordés à louer la facture, l'élégance, les qualités distinctives des instruments exposés, à l'exception toutefois des pianos, pour lesquels ils semblaient avoir réservé toutes leurs sévérités.

Les facteurs français n'ont eu qu'à se féliciter d'avoir été ainsi directement mis en cause.

Beaucoup de personnes éprouvèrent le désir de vérifier l'exactitude des critiques formulées. Des amateurs éclairés, les connaisseurs en un mot, vinrent en nombre à la section française, et, après de sérieux examens suivis d'essais répétés, les personnalités les plus compétentes firent hautement justice de critiques qui ne semblaient pas s'inspirer de l'impartialité et de l'indépendance désirables.

43 pianos français ont figuré à l'Exposition de Chicago; ils formaient une collection complète de ce genre d'instruments, depuis le petit piano à cordes droites jusqu'au grand piano à queue de concert, en passant par les grands pianos droits à cordes obliques et les pianos à queue de petite dimension.

Ce groupe montrait à la fois la variété des ressources de la facture française et le sens profondément artistique qu'elle apporte dans sa fabrication.

Les pianos français se distinguent par des particularités fort appréciées des amateurs et des artistes : en premier lieu, le réglage méticuleux et précis de la mécanique, qui rend la touche si docile à l'attaque, la distinction du son et sa production facile, qui permet de moduler sans effort, la grande égalité de timbre, enfin un ensemble de qualités qui, réunies, font du piano français l'instrument le plus apte à mettre en lumière la valeur de l'exécutant et à permettre de satisfaire aux conceptions musicales les plus variées.

Nous croyons devoir placer ici une remarque qui nous a paru intéressante.

Elle a pour objet la manière dont on apprécie, *a priori*, en Amérique, les qualités d'un piano.

L'artiste américain aime la puissance du son et c'est la première qualité qu'il cherche à reconnaître dans un instrument.

Cette tendance ressort nettement de la vigueur avec laquelle il attaque tout d'abord la touche.

Aussi avons-nous pu constater, en maintes circonstances, combien l'attention des artistes américains était frappée par ce fait qu'ils obtenaient sans effort, sur les pianos français, une puissance de son qu'ils n'auraient atteinte que par un jeu vigoureux sur beaucoup d'instruments américains.

Ils ne tardaient pas d'ailleurs à modifier d'eux-mêmes leur jeu et se complaisaient, en raison de l'émission facile du son, à produire alternativement des effets de toucher auxquels ils paraissaient trouver un certain agrément, ainsi d'ailleurs que plusieurs d'entre eux l'ont franchement reconnu.

Lorsque nous avons parlé des pianos américains, nous avons fait observer que ces instruments étaient construits de manière à pouvoir supporter des différences de température considérables.

Or nous avons pu constater que les pianos français envoyés à Chicago, bien qu'ils n'eussent pas été fabriqués en vue de résister à de grandes variations climatologiques, ont supporté victorieusement des changements de température allant de o à 4o degrés de chaleur, rendus plus sensibles encore par les violents courants d'air régnant dans les galeries et auxquels les instruments de ce genre ne sont pas ordinairement exposés.

On doit rappeler de plus que ces pianos avaient dû préalablement subir les épreuves d'une longue traversée maritime et qu'aucun ouvrier français n'avait été envoyé pour les régler sur place.

Les harmoniums français, ainsi que nous l'avons déjà dit, sont actionnés par la pression de l'air sur les lames, à l'inverse des harmoniums américains dans lesquels le son est produit par aspiration d'air.

L'un des harmoniums de la section a été unanimement admiré par les artistes américains.

Cet instrument réunissait en effet les qualités artistiques que l'on exige dans notre pays : il possédait une variété de timbres qui tous avaient leur originalité propre, un mécanisme de percussion parfait et de plus il était doué d'une grande facilité d'expression.

Le meuble était joli et d'un travail des plus soignés.

A la suite des harmoniums, nous citerons le célesta, petit instrument d'invention récente et qui produit des effets charmants s'alliant très bien avec le son de l'harmonium.

Nous devons citer également un piano mécanique mû par l'électricité; un mélotrope, appareil pour jouer mécaniquement le piano au moyen de cartons perforés, et une série d'orgues à manivelle de grandes dimensions, remarquables par la puissance de leur son.

Dans les vitrines se trouvaient des collections intéressantes d'accessoires; mention particulière doit être faite d'une série d'échantillons d'anches d'harmonium, d'un ensemble de marqueteries et d'incrustations très artistiques, d'une exposition de fils d'acier pour cordes de pianos de tous diamètres spéciales à la fabrication des pianos et, en outre, des spécimens de belles cordes harmoniques en boyau et en soie pous violons et guitares.

La section offrait le plus bel assortiment qu'on puisse imaginer d'instruments à vent et à cordes et l'on peut, sans présomption, affirmer qu'aucune nation n'eût été à même de constituer un groupe aussi complet.

Il comprenait les modèles les plus variés de saxophones, de clarinettes (depuis la clarinette basse jusqu'à la clarinette aiguë), de bassons, de cors anglais et de hautbois; on y voyait une collection de flûtes, parmi lesquelles se distinguaient les flûtes cylindriques, qui doivent à la précision de leur mécanisme une légèreté de toucher telle que leur usage s'impose à tous les artistes de valeur, enfin des saxhorns et des cornets dont nous ne saurions passer sous silence la méthode de construction et le remarquable fini.

Dans la catégorie des instruments à cordes, l'œil était charmé par l'harmonie des lignes et les beaux vernis des violons qui, par leur forme extérieure, rappelaient les instruments de la belle époque et s'en rapprochaient par leurs qualités musicales.

On se trouvait en présence d'une manifestation très complète du mouvement de renaissance artistique dont le mérite remonte à la lutherie française.

Les guitares et les mandolines embellies de légères et gracieuses incrustations se recommandaient à l'attention par leur fini et leur élégance.

Si après avoir établi, comme nous venons de le faire, l'importance de la classe française des instruments de musique, nous rappelons l'habileté de la main-d'œuvre et la finesse d'exécution que décelaient les objets exposés, ainsi que les qualités originales les distinguant, la conclusion qui s'imposera, à la suite de l'examen des produits similaires exposés à Chicago, est que le développement et le degré de perfection auquel atteint l'industrie française des instruments de musique la placent au premier rang.

Nous devons à la vérité d'ajouter que notre étude des sections étrangères nous a donné lieu d'apprécier les produits de plusieurs maisons.

Nous ne croyons pas qu'il nous soit permis de citer aucune marque, nous pensons que, si un rapporteur parlant au nom d'un jury de récompenses composé de plusieurs personnes compétentes a la faculté d'indiquer une sélection, nous considérons que la plus grande réserve doit être observée lorsqu'on ne peut exprimer qu'une opinion personnelle. Car, malgré la compétence et l'impartialité qu'on voudrait accorder au rapporteur, son jugement pouvant avoir une influence plus ou moins directe sur la réputation artistique et les intérêts commerciaux des exposants, nous estimons qu'une personne seule ne peut convenablement prendre cette responsabilité.

Le délégué du Ministre du Commerce, en raison du caractère particulier de son mandat, a donc dû se borner à des appréciations collectives, mais il considérerait comme fâcheux que cette situation eût pour effet de laisser dans l'oubli le nom des industriels qui, au prix d'intelligents efforts et de sacrifices pécuniaires considérables, ont apporté un éclat brillant et incontesté à la section française, et il terminera son rapport en donnant la liste des exposants français de la classe des instruments de musique à l'Exposition de Chicago.

MM. Aucher frères, boulevard de Belleville, 25, 27, à Paris. — Pianos.
Bord et Cⁱᵉ, boulevard Poissonnière, 14 bis, à Paris. — Pianos.
Burgasser et Theilmann, boulevard du Temple, 37, à Paris. — Pianos.
Focké fils aîné, rue Morand, 9, à Paris. — Pianos.
Gaveau, rue Servan, 47, 49, à Paris. — Pianos.
Girard, rue de la Banque, 5, à Paris. — Pianos.
Gouttière, rue de Babylone, 47, à Paris. — Pianos.
Hansen, avenue Frayce, à Saint-Ouen. — Pianos.
Kriegelstein et Cⁱᵉ, rue Charras, 4, à Paris. — Pianos.
Labrousse, rue de Rivoli, 46, à Paris. — Pianos.
Lary, rue Laugier, 81, à Paris. — Pianos.
Lévêque et Théron, rue Duchesne, 18, à Paris. — Pianos.
Pleyel, Wolff et Cⁱᵉ, rue Rochechouart, 22, à Paris. — Pianos.
Ruch, boulevard Voltaire, 207, à Paris. — Pianos.
Thibout, rue de Laval, 28, à Paris. — Pianos.
Vanet, rue Lecourbe, 79, à Paris. — Pianos.
Les Fils de Mustel, rue de Malte, 42, à Paris. — Célesta.
Cottino et Tailleur, rue de Montreuil, 119, à Paris. — Harmoniums.
Carpentier (Jules), rue Delambre, 20, à Paris. — Mélotrope.
Ullmann, rue de Paradis, 67, à Paris. — Piano exécutant.

MM. Gasparini, rue de la Vega, 17, 19, à Paris. — Orgue à manivelle.

Limonaire, avenue Daumesnil, 166, à Paris. — Orgue à manivelle.

Jacquot (P.-Ch.) et fils, rue Gambetta, 19, à Nancy. — Violons.

Hell, passage du Grand-Cerf, 18, à Paris. — Violons.

Evette et Schaeffer, rue Nationale, 14, à Lille. — Flûtes, clarinettes, etc.

Martin frères, rue de Turbigo, 8, à Paris. — Flûtes, clarinettes.

Thibouville (Martin) fils, rue de Turenne, 91, à Paris. — Flûtes, clarinettes.

Thibouville fils et Cⁱᵉ, rue du Théâtre, 148, à Paris. — Flûtes, clarinettes.

Thibouville-Lamy (Jérôme) et Cⁱᵉ, rue Réaumur, 60 *bis*, à Paris. — Flûtes, clarinettes, violons et instruments en cuivre.

Mille, rue des Morais, 88, à Paris. — Instruments en cuivre.

Jaulin, rue du Château-d'Eau, 27, à Paris. — Harmonicor.

Bazin, à Mirecourt (Vosges). — Archets.

Chevrel, rue de la Cerisaie, 11, à Paris. — Marqueterie.

Cottereau, rue Saint-Denis, 261, à Paris. — Anches de clarinettes.

Pinet, cours de Vincennes, 66, à Paris. — Anches pour harmoniums.

Rossero, rue Saint-Martin, 179, à Paris. — Feutres pour pianos.

Société anonyme des aciéries et forges de Firminy, à Firminy (Loire). — Cordes pour pianos.

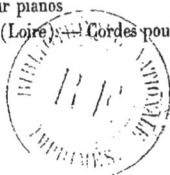

TABLE DES MATIÈRES.

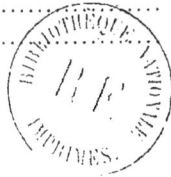

www.ingramcontent.com/pod-product-compliance
Lightning Source LLC
Chambersburg PA
CBHW070800210326
41520CB00016B/4778